北京市单位消防安全主体责任规定

中国法制出版社

北京市单位消防安全主体责任规定
BEIJING SHI DANWEI XIAOFANG ANQUAN ZHUTI ZEREN GUIDING

经销/新华书店
印刷/保定市中画美凯印刷有限公司
开本/850 毫米×1168 毫米 32 开　　印张/0.5 字数/7 千
版次/2023 年 8 月第 1 版　　2023 年 8 月第 1 次印刷

中国法制出版社出版
书号 ISBN 978-7-5216-3852-3　　定价：5.00 元

北京市西城区西便门西里甲 16 号西便门办公区
邮政编码：100053　　传真：010-63141600
网址：http：//www.zgfzs.com　　编辑部电话：010-63141673
市场营销部电话：010-63141612　　印务部电话：010-63141606

目　　录

北京市人民政府令

第 310 号

《北京市单位消防安全主体责任规定》已经 2023 年 7 月 4 日市政府第 22 次常务会议审议通过，现予公布，自 2023 年 9 月 1 日起施行。

市长　殷勇

2023 年 7 月 19 日

北京市单位消防安全主体责任规定

目　　录

第一章　总　　则

第一条　为落实单位消防安全主体责任，预防火灾和减少火灾危害，保护人身和财产安全，维护公共安全，促进新时代首都发展，根据《北京市消防条例》《北京市安全生产条例》和有关法律法规，结合本市实际情况，制定本规定。

第二条　本市行政区域内的国家机关、人民团体、企业、事业等单位以及其他组织（以下统称单位）应当依照本规定履行消防安全主体责任。法律法规规章另有规定的，从其规定。

第三条　单位是消防安全的责任主体，应当落实预防为主、防消结合的方针，坚持安全自查、隐患自除、责任自负的原则，保障消防安全。

第四条 任何单位和个人都有维护消防安全、保护消防设施、预防火灾和报告火警的义务；任何单位和成年人都有参加有组织的灭火工作的义务。

第五条 本市鼓励和支持单位运用云计算、大数据、物联网、工业互联网和人工智能等新一代信息技术，提升消防安全管理的科技化、智能化水平，推进智慧消防建设。

第六条 本市与天津市、河北省建立消防领域协同工作机制，强化统筹协调，在火灾预防、灭火救援、执法检查等方面开展合作，推进京津冀消防工作协同发展。

第二章 主体责任

第七条 单位应当履行下列全员消防安全责任：

（一）单位主要负责人是本单位消防安全第一责任人，对本单位消防安全工作全面负责；

（二）单位分管负责人对分管业务范围内的消防安全工作负责；

（三）明确本单位消防工作机构或者专职、兼职消防安全管理人员，具体组织实施和督促落实本单位消防安全工作；

（四）明确本单位各层级、各岗位的消防安全责任人员和责任范围。本条规定的消防安全管理人员，包括单位依法确定的消防安全管理人。

第八条 单位主要负责人的消防安全职责主要包括下列

内容：

（一）建立健全全员消防安全责任制，并组织考核和奖惩；

（二）遵守有关消防法律法规和标准，保障本单位消防安全符合规定；

（三）保障本单位消防安全工作所需的资金投入；

（四）加强本单位消防安全管理，定期研究消防安全工作，及时处理消防安全重大问题。

第九条 单位消防工作机构或者消防安全管理人员的消防安全职责主要包括下列内容：

（一）督促落实本单位全员消防安全责任制；

（二）组织实施本单位消防安全管理工作，定期向单位主要负责人报告有关情况；

（三）组织实施本单位消防宣传教育和培训；

（四）制止违章指挥和冒险作业，纠正违反消防安全操作规程的行为；

（五）组织落实本单位消防安全隐患整改措施。

第十条 单位应当履行下列日常消防安全管理责任：

（一）依照法律法规和标准的规定，结合本单位实际，制定并组织落实本单位消防安全的规章制度和操作规程；

（二）依照国家和本市有关标准，配置消防设施和器材，设置醒目的消防安全标志，并定期进行维护保养；对建筑消防设施每年至少进行一次全面检测，确保其完好有效；

（三）定期开展防火检查，及时消除火灾隐患；不能及时消除的，应当采取防范措施，确保安全；防火检查等情况应当按照市消防救援机构的要求，通过信息系统如实记录；

（四）保障本单位疏散通道、安全出口畅通；在消防车通道设置明显标识，并不得占用；

（五）采用新技术、新工艺、新材料的或者经营室内体验、竞技类等新业态的，应当采取有针对性的火灾风险防范和事故应对处置措施，确保消防安全；

（六）加强本单位电动自行车消防安全管理，依照国家和本市有关标准，设置电动自行车停放、充电场所，并采取措施，制止在建筑物内违规停放电动自行车或者为电动自行车充电的行为。

商场、集贸市场、公共娱乐场所等公众聚集场所营业期间，禁止动火作业。

第十一条　单位应当履行下列消防宣传教育和培训责任：

（一）定期开展多种形式的全员消防宣传教育，保证员工具备必要的消防安全知识，增强火灾事故预防和应急处置能力；

（二）依照国家有关规定，对全体员工每年至少进行一次消防安全培训；对新上岗和进入新岗位的员工，在上岗前进行消防安全培训。

消防宣传教育和培训主要包括：本单位的火灾危险性、防火灭火措施、消防设施以及灭火器材的操作使用方法、人员疏散逃生知识等内容。

第十二条　单位应当履行下列火灾事故应急处置责任：

（一）针对本单位火灾风险，制定灭火和应急疏散预案，每年至少组织一次综合消防演练；

（二）依照本市有关规定，建立健全本单位专职消防队、志愿消防队和微型消防站等多种形式的消防队伍，配备消防装备，定期组织训练演练；与消防救援机构建立联勤联动机制，提高扑救初起火灾能力；

（三）发现火灾立即拨打“119”电话报告火警，并迅速组织人员疏散，扑救初起火灾；立即启动本单位灭火和应急疏散预案，承担应急疏散、火灾扑救职责的员工，应当在确认火灾后及时到达岗位；单位设有消防控制室的，应当立即启动应急广播系统、消防给水系统、防排烟系统等建筑消防设施；

（四）火灾扑灭后应当及时保护现场，接受事故调查，如实提供与火灾有关的情况。

城市轨道交通运营、大型商业综合体、超高层建筑管理使用单位，以及石油化工生产等火灾扑救难度大的单位，应当加强应急处置能力建设，建立由本单位供电供水、电梯运维、消防安全管理等人员组成的技术处置队伍，为灭火救援提供技术支撑。

第十三条 住宅区的物业服务单位或者其他管理单位应当履行下列消防安全服务责任：

（一）开展日常消防宣传，提示火灾隐患，每年至少组织一次本单位员工和居民参加的灭火和应急疏散演练；

（二）组织安全巡查，发现火灾隐患及时采取措施；

（三）对管理区域内的共用消防设施、器材进行维护管理，确保其完好有效；

（四）保障疏散通道、安全出口、消防车通道畅通；划定、设置停车泊位或者设施，不得占用、堵塞消防车通道；

（五）对占用、堵塞、封闭疏散通道、安全出口、消防车通道的行为，予以劝阻并督促改正；对拒不改正的，及时向有关部门报告；

（六）对初起火灾采取处置措施。

第十四条 同一建筑物有两个以上产权人或者管理使用人的，应当签订协议明确各方消防安全责任，并确定责任人对消防车通道、消防登高操作场地、建筑消防设施和共用的疏散通道、安全出口等实行统一管理；未签订协议明确责任或者责任不清晰的，各产权人对各自专有部分履行消防安全责任，对共有部分共同履行消防安全责任。

对管理使用人落实消防安全责任的情况，产权人每年至少进行一次监督。

第十五条 高层民用建筑的产权人或者管理使用人，不得在消防登高操作场地设置构筑物、固定隔离桩、停车泊位等障碍物；不得在消防登高操作面设置架空管线、广告牌、装饰物等障碍物，影响消防车作业。

第十六条 单位进行局部装修、改造施工，应当履行下列施工现场消防安全责任：

（一）明确划分施工区域，将施工区域和非施工区域进行有效的防火分隔，并确保非施工区域的人员疏散和建筑消防设施的正常使用；

（二）制定动火作业管理制度，明确动火作业的安全要求、审批程序和责任人员，对动火作业实施审批管理；

（三）监督施工单位落实本市有关建筑材料、涂料的使用，以及危险物品安全管理的要求；

（四）在施工区域建立健全视频监控等技术措施，加强消防安全的动态监测和检查巡视；人员密集场所施工期间，还应当安排专人进行现场监护；

（五）制定施工期间灭火和应急疏散专项预案，并组织施工单位进行演练。

施工单位对施工现场的消防安全负责，对施工动火、使用危险物品等具有火灾、爆炸危险性的作业，应当制定作业方案，施工人员应当遵守作业方案和操作规程，落实消防安全措施。

第十七条 社会消防技术服务机构应当依照法律法规、标准和执业准则，接受委托提供消防技术服务，对发现的火灾隐患，应当及时提出书面整改建议，指导单位消除火灾隐患。

社会消防技术服务机构为单位提供消防设施维护保养检测服务，应当落实消防设施维护保养检测质量管理体系要求；为单位提供消防安全评估服务，应当落实消防安全评估过程控制体系要求，并对所提供的服务承担相应的法律责任。

第十八条 保险机构应当依照合同约定对投保单位的消防安全状况进行检查，及时提出消除火灾隐患的书面建议；单位应当配合保险机构检查，及时消除火灾隐患；单位拒不消除火灾隐患的，保险机构可以依法要求增加保险费或者解除合同，并向消防救援机构报告。

第三章 监督管理

第十九条 消防救援机构负责对单位履行消防安全主体责任的情况进行监督检查，实施消防行政处罚和行政强制措施。

市消防救援机构依法建立健全消防领域轻微违法行为免罚制度，明确从轻、减轻或者不予行政处罚的具体情形，并向社会公布。

第二十条 消防救援机构对单位进行监督检查，可以采取下列方式：

（一）实行“双随机、一公开”检查；

（二）与有关政府部门实施联合检查；

（三）根据防范重大火灾风险的需要，实施专项检查；

（四）对举报投诉的消防违法行为实施核查；

（五）利用现代信息技术实施非现场检查。

消防救援机构进行监督检查，发现违法行为涉嫌构成犯罪的，应当依法移送司法机关或者向有权机关报告。

第二十一条 有关政府部门依照“管行业必须管安全、管业务必须管安全、管生产经营必须管安全”的原则，在各自职责范围内，负责本行业、本领域的消防安全工作，督促本行业、本领域有关单位落实消防安全主体责任。

第二十二条 乡镇人民政府、街道办事处负责统筹本辖区的消防安全工作，建立健全消防安全工作领导机制，加强消防组织和人员力量建设，组织开展消防安全检查，及时督促单位消除火灾隐患。

第二十三条 消防救援机构应当会同有关政府部门建立健全信息共享、联合执法和行刑衔接等协同监管工作机制，在日常执法、火灾事故调查处理、信用监管等环节，强化对单位的事中、事后监管。

第二十四条 本市建立单位消防信用信息平台，归集单位消防安全自查和有关政府部门检查信息，公示单位消防安全信用信息，对单位进行等级评价，确定重点单位，发布火灾风险预警提示，开展在线教育培训等，并与本市“企安安”等信息系统进行信息共享，实现消防安全管理全过程可追溯，消防安全责任可倒查。

第二十五条 市消防救援机构建立健全单位消防安全“风险+信用”的分级分类监管制度，对风险较低、信用较好的单位，减少检查比例和频次；对风险较高、违法失信的单位，提高检查比例和频次。

第二十六条 消防救援机构应当将单位受到行政处罚或者行政强制的信息，按照规定共享到本市公共信用信息平台。对消防违法失信单位，消防救援机构会同有关政府部门依法采取惩戒措施；失信单位可以申请信用修复，经认定后停止惩戒措施。

第二十七条 单位发生人员死亡或者造成社会影响的火灾事故，市、区人民政府依法组织事故调查处理的，可以授权应急管理部门、消防救援机构组织事故调查组进行调查；其他火灾事故，由消防救援机构组织调查。属于生产安全事故的，依照有关法律法规的规定组织调查。

第四章 法律责任

第二十八条 违反本规定的行为，法律法规已经规定法律责任的，依照法律法规的规定处理。

第二十九条 违反本规定第八条规定，单位主要负责人未履行消防安全职责的，由消防救援机构对其进行约谈，可以依法公示单位的行政处罚、火灾隐患等信息，并向有关部门报告；构成犯罪的，依法追究刑事责任。

单位因存在重大事故隐患被依法责令停产停业、停止施工、停止使用有关设备、设施、场所或者立即采取排除危险的整改措施，而拒不执行，构成犯罪的，依照刑法有关规定追究刑事责任。

第三十条 违反本规定第十条第一款第三项规定，未记录或者未如实记录防火检查情况的，由消防救援机构责令限期改正；逾期未改正的，处500元以上5000元以下罚款。

第三十一条 违反本规定第十条第一款第六项规定，未采取措施制止在建筑物内违规停放电动自行车或者为电动自行车充电行为的，由消防救援机构责令限期改正；逾期未改正的，处1000元以上1万元以下罚款。

第三十二条 违反本规定第十条第二款规定，营业期间动火作业的，由消防救援机构责令改正，处5000元以上1万元以下罚款。

第三十三条 违反本规定第十五条规定，设置障碍物影响消防车作业的，由消防救援机构责令改正，处5000元以上3万元以下罚款。

第三十四条 违反本规定第十六条第一款第二项规定，未制定动火作业管理制度的，由消防救援机构责令改正，处1000元以上5000元以下罚款。

第三十五条 违反本规定第十六条第二款规定，未制定和遵守作业方案的，由消防救援机构责令改正，处1万元以上3万元以下罚款。

第三十六条 违反本规定第十七条规定，社会消防技术服务机构未出具书面整改建议，或者未落实维护保养检测质量管理、安全评估过程控制体系要求的，由消防救援机构责令限期改正；逾期未改正的，处1000元以上1万元以下罚款。

第五章　附　　则

第三十七条　有固定经营场所的个体工商户依照本规定履行单位消防安全主体职责。

第三十八条　本规定下列用语的含义：

（一）单位主要负责人，是指单位的法定代表人、实际控制人等；

（二）动火作业，是指电焊、气焊、切割作业以及使用喷灯、打磨、砂轮、电钻等可能产生火焰、火花和炽热表面的临时性作业；

（三）大型商业综合体，是指建筑面积不小于5万平方米，集购物、住宿、餐饮、娱乐、展览、交通枢纽等两种或者两种以上功能于一体的单体建筑和通过地下连片车库、地下连片商业空间、下沉式广场、连廊等方式连接的多栋商业建筑组合体；

（四）超高层建筑，是指建筑高度大于100米的建筑；

（五）高层民用建筑，是指建筑高度大于24米的非单层公共建筑，以及建筑高度大于27米的住宅建筑。

第三十九条　本规定自2023年9月1日起施行。2004年3月18日北京市人民政府第143号令公布的《北京市消防安全责任监督管理办法》同时废止。